Impressum
Verlag: BABADADA GmbH, Nedderfeld 112 , 22529 Hamburg
Geschäftsführer / Verlagsleitung: Harald Hof
Druck: Books on Demand GmbH, In de Tarpen 42, 22848 Norderstedt

Imprint
Publisher: BABADADA GmbH, Nedderfeld 112 , 22529 Hamburg, Germany
Managing Director / Publishing direction: Harald Hof
Print: Books on Demand GmbH, In de Tarpen 42, 22848 Norderstedt

school

škola

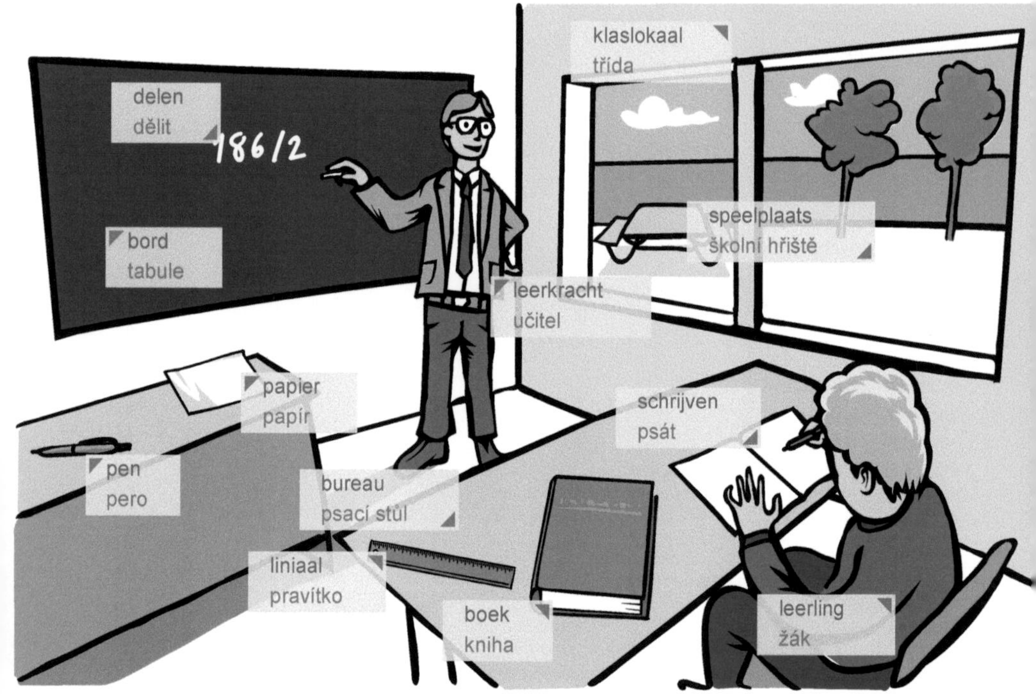
klaslokaal
třída
delen
dělit
186/2
bord
tabule
speelplaats
školní hřiště
leerkracht
učitel
papier
papír
schrijven
psát
pen
pero
bureau
psací stůl
liniaal
pravítko
boek
kniha
leerling
žák

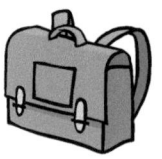

schooltas

aktovka

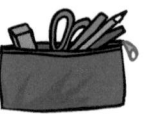

pennenzak

penál

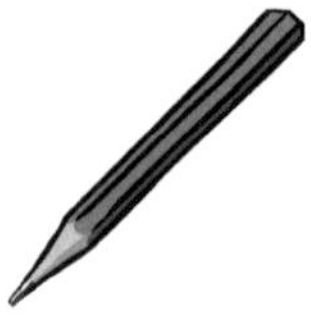

potlood

tužka

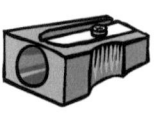

puntenslijper

ořezávátko

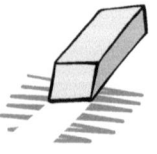

gom

guma

tekenblok

blok na kreslení

tekening

výkres

verfborstel

štětec

verfdoos

malířské potřeby

schaar

nůžky

lijm

lepidlo

werkboek

cvičebnice

huiswerk

domácí úkol

nummer

počet

optellen

sčítat

aftrekken

odčítat

vermenigvuldigen

násobit

rekenen

počítat

letter

písmeno

alfabet

abeceda

woord

slovo

tekst

text

Lezen

číst

krijt

křída

les

hodina

klassenboek

třídní kniha

examen

zkouška

certificaat

vysvědčení

schooluniform

školní uniforma

onderwijs

vzdělání

encyclopedie

encyklopedie

universiteit

univerzita

microscoop

mikroskop

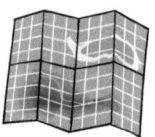

kaart

karta

papiermand

odpadkový koš na papír

reis
cesta

hotel
hotel
jeugdherberg
ubytovna
wisselkantoor
směnárna
koffer
kufr
auto
auto

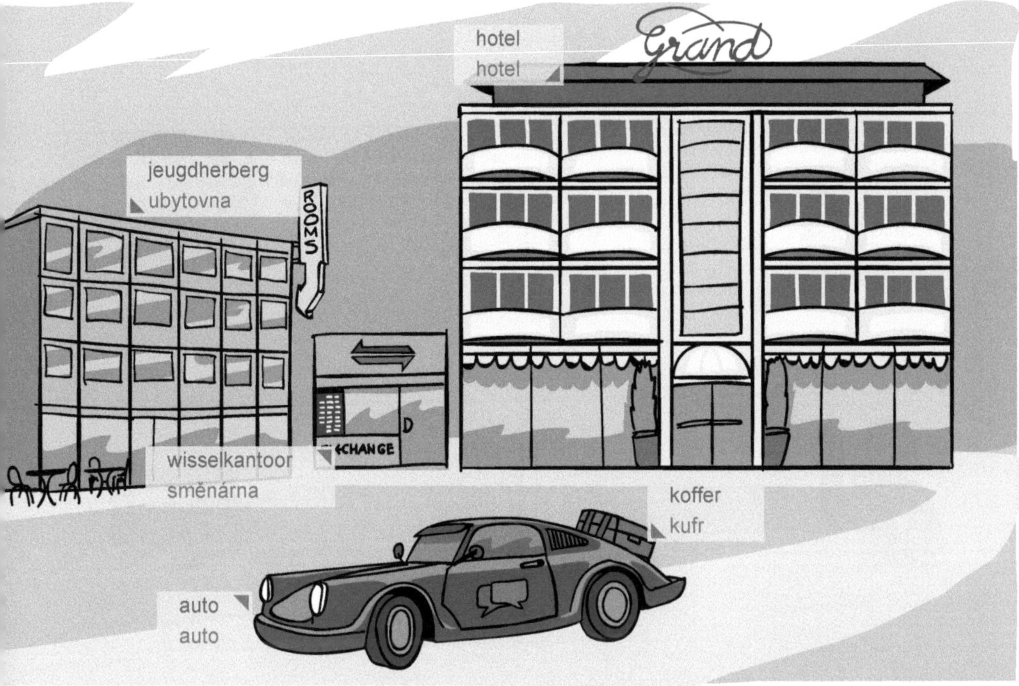

Taal

jazyk

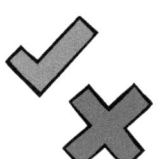

ja / nee

ano / ne

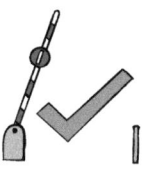

oké

oukej

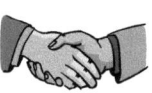

hallo

Ahoj!

vertaler

překladatel

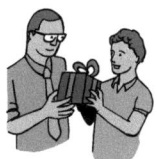

bedankt

děkuji

Hoeveel kost ...?

Kolik stojí...?

Ik begrijp het niet

nerozumím

probleem

problém

Goedenavond!

Dobrý večer!

Goedemorgen!

Dobré ráno!

Goedenavond!

Dobrou noc!

Tot ziens

na shledanou

richting

směr

bagage

zavazadlo

zak

taška

rugzak

batoh

gast

host

kamer

pokoj

slaapzak

spací pytel

tent

stan

toeristeninformatie

turistické informace

strand

pláž

kredietkaart

kreditní karta

ontbijt

snídaně

lunch

oběd

avondeten

večeře

ticket

jízdenka

lift

výtah

postzegel

poštovní známka

grens

hranice

douane

clo

ambassade

poselství

visum

vízum

paspoort

pas

transport
transport

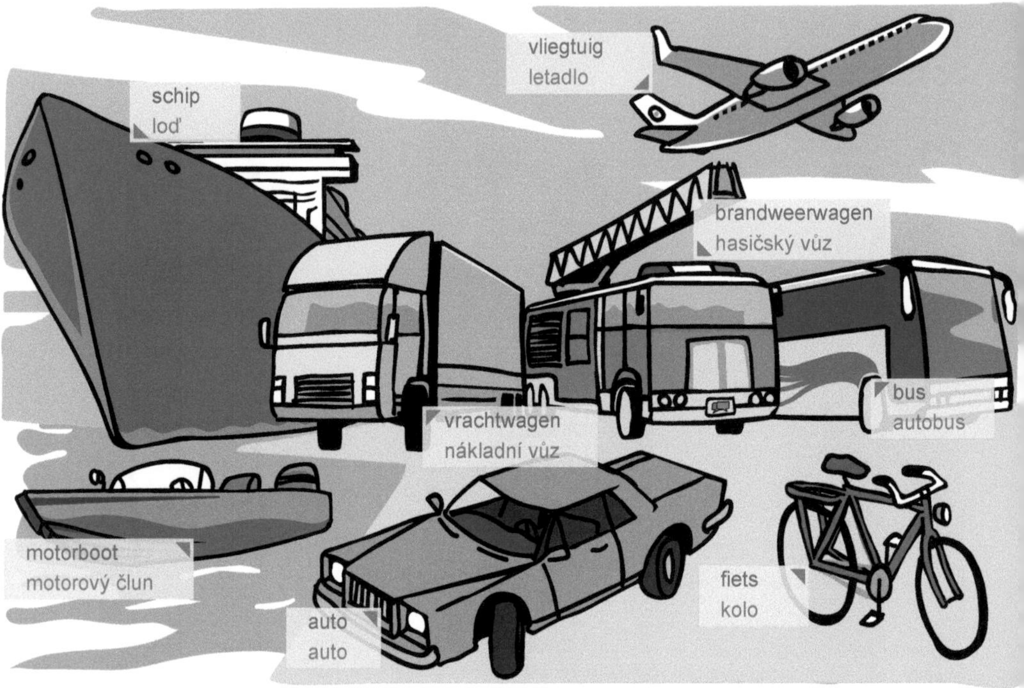
vliegtuig
letadlo
schip
loď
brandweerwagen
hasičský vůz
bus
autobus
vrachtwagen
nákladní vůz
motorboot
motorový člun
fiets
kolo
auto
auto

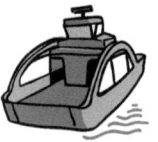

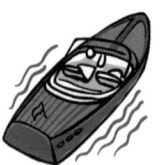

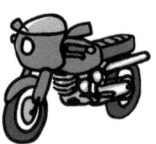

veerboot
přívoz

boot
člun

motor
motorka

politiewagen
policejní auto

racewagen
závodní auto

huurauto
pronajaté auto

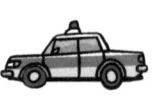

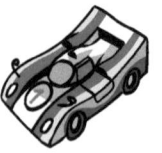

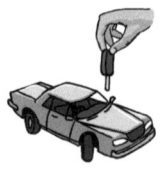

carpoolen

sdílení aut

sleepwagen

odtahová služba

vuilniswagen

popelářský vůz

motor

motor

benzine

palivo

benzinestation

čerpací stanice

verkeersbord

dopravní značka

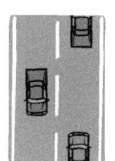

verkeer

doprava

file

dopravní zácpa

parkeerplaats

parkoviště

station

vlakové nádraží

sporen

koleje

trein

vlak

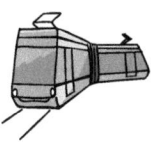

tram

tramvaj

wagon

vagón

helikopter

helikoptéra

luchthaven

letiště

toren

věž

passagier

pasažér

container

kontejner

karton

kartón

kar

trakař

mand

koš

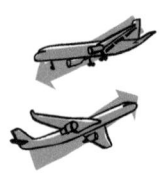

opstijgen / landen

vzlétnout / přistát

stad

město

dorp

vesnice

stadscentrum

střed města

huis

dům

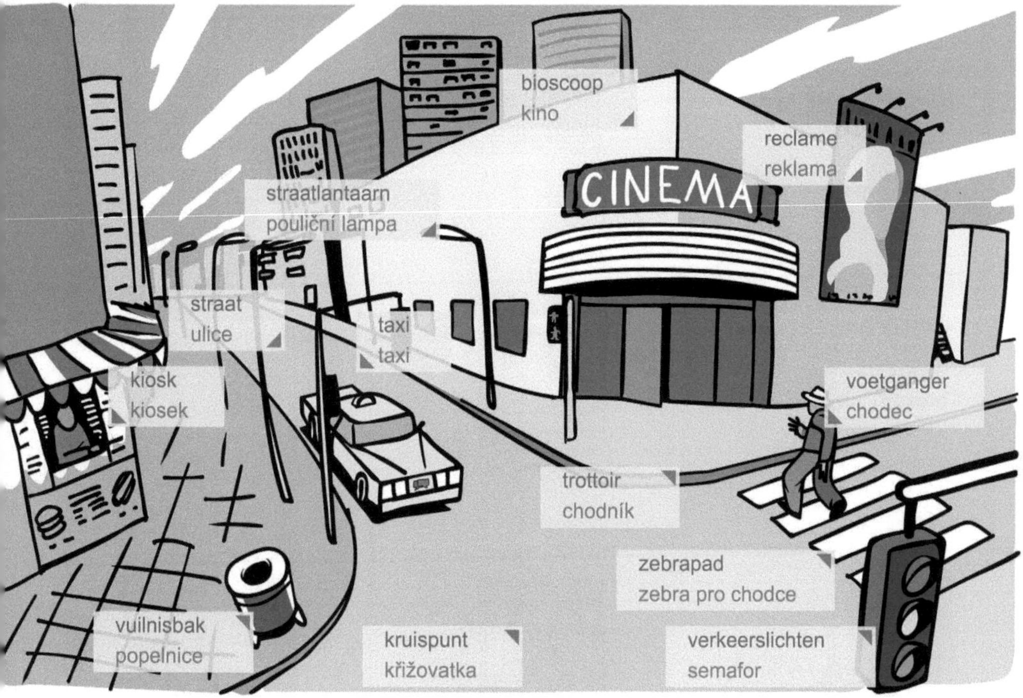

bioscoop / kino

reclame / reklama

straatlantaarn / pouliční lampa

straat / ulice

taxi / taxi

kiosk / kiosek

voetganger / chodec

trottoir / chodník

zebrapad / zebra pro chodce

vuilnisbak / popelnice

kruispunt / křižovatka

verkeerslichten / semafor

hut

chata

woning

byt

station

vlakové nádraží

stadshuis

radnice

museum

muzeum

school

škola

universiteit

univerzita

bank

banka

ziekenhuis

nemocnice

hotel

hotel

apotheek

lékárna

kantoor

kancelář

boekwinkel

knihkupectví

winkel

obchod

bloemenwinkel

květinářství

supermarkt

supermarket

markt

tržnice

warenhuis

obchodní dům

vishandelaar

rybárna

winkelcentrum

nákupní centrum

haven

přístav

12   stad - město

park
park

bank
lavička

brug
most

trap
schody

metro
metro

tunnel
tunel

bushalte
autobusová zastávka

bar
bar

restaurant
restaurace

brievenbus
poštovní schránka

straatnaambord
pouliční tabule

parkeermeter
parkovací hodiny

zoo
zoo

zwembad
plovárna

moskee
mešita

boerderij

usedlost

milieuverontreiniging

znečišťování životního
prostředí

kerkhof

hřbitov

kerk

církev

speelplaats

hřiště

tempel

chrám

landschap
krajina

blad / list

wegwijzer / rozcestník

weg / cesta

weide / louka

steen / kámen

boom / strom

wandelaar / turista

rivier / řeka

gras / tráva

bloem / květina

vallei

údolí

heuvel

hora

meer

jezero

bos

les

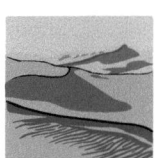

woestijn

poušť

vulkaan

sopka

kasteel

zámek

regenboog

duha

paddenstoel

houba

palmboom

palma

mug

komár

vlieg

moucha

mier

mravenec

bijl

včela

spin

pavouk

landschap - krajina

kever
brouk

kikker
žába

eekhoorn
veverka

egel
ježek

haas
zajíc

uil
sova

vogel
pták

zwaan
labuť

wild zwijn
divoké prase

hert
jelen

eland
los

dam
přehrada

windturbine
větrné kolo

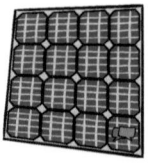

zonnepaneel
solární panel

klimaat
podnebí

restaurant
restaurace

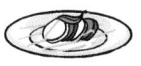

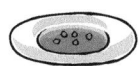

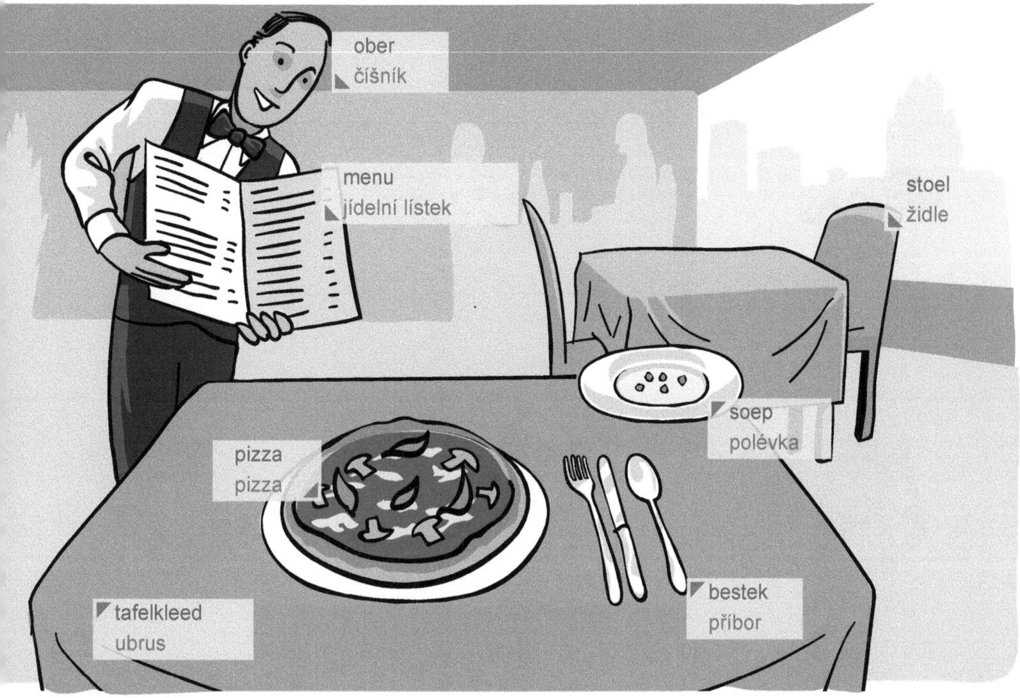

ober
číšník
menu
jídelní lístek
stoel
židle
soep
polévka
pizza
pizza
bestek
příbor
tafelkleed
ubrus

voorgerecht
předkrm

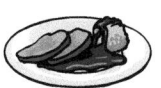

hoofdgerecht
hlavní chod

nagerecht
dezert

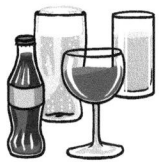

drankjes
nápoje

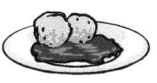

eten
jídlo

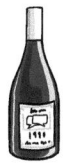

fles
láhev

fastfood

rychlé občerstvení

street food

pouliční občerstvení

theepot

čajová konvice

suikerpot

cukřenka

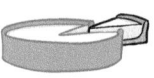

portie

porce

espressomachine

kávovar na espresso

kinderstoel

dětská stolička

rekening

faktura

dienblad

tác

mes

nůž

vork

vidlička

lepel

lžíce

theelepel

čajová lyžička

serviette

ubrousek

glas

sklenička

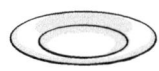

bord
talíř

soepbord
talíř na polévku

schoteltje
podšálek

saus
omáčka

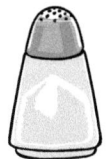

zoutvatje
slánka

pepermolen
mlýnek na pepř

azijn
ocet

olie
olej

kruiden
koření

ketchup
kečup

mosterd
hořčice

mayonaise
majonéza

supermarkt
supermarket

aanbieding
nabídka
FOR
klant
zákazník
zuivelproducten
mléčné výrobky
fruit
ovoce
winkelwagen
nákupní vozík

BUTCHERS

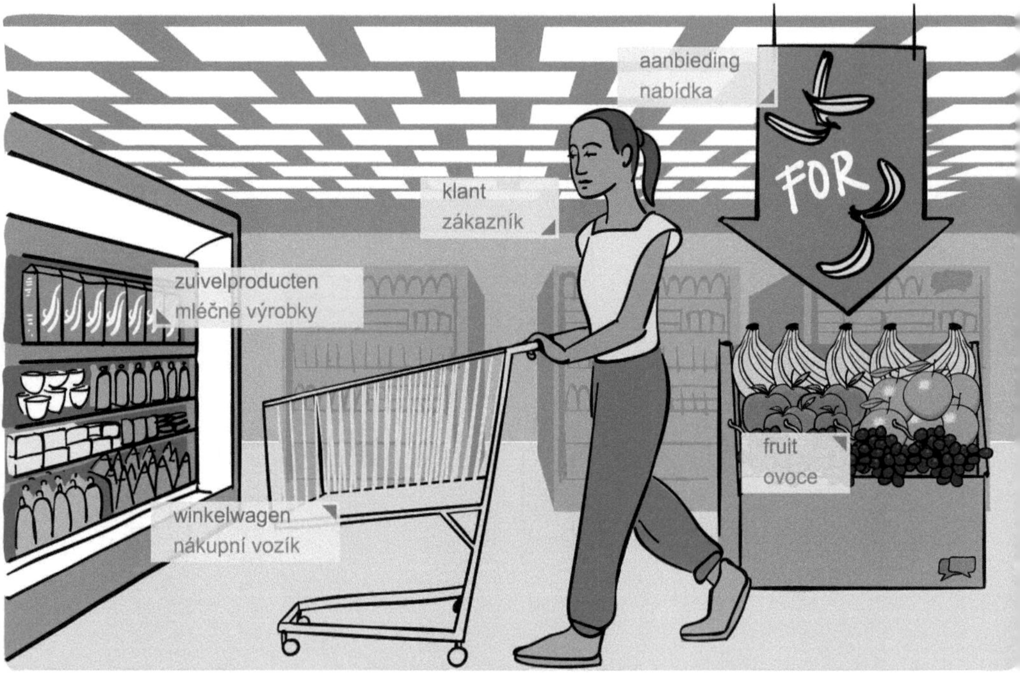

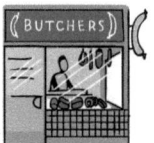

slagerij

masna

BAKERY

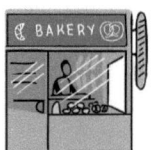

bakkerij

pekařství

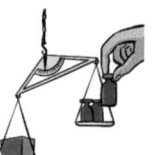

wegen

vážit

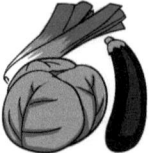

groenten

zelenina

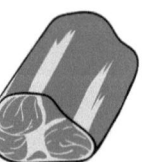

vlees

maso

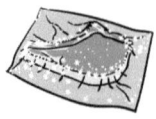

diepvriesvoedsel

mražené potraviny

charcuterie

obložený talíř

conserven

konzervy

waspoeder

prací prášek

snoep

cukrovinky

huishoudproducten

výrobky pro domácnost

schoonmaakproducten

čisticí prostředek

verkoopster

prodavačka

kassa

pokladna

kassier

pokladní

boodschappenlijstje

nákupní seznam

openingstijden

otevírací doba

portefeuille

peněženka

kredietkaart

kreditní karta

tas

taška

plastieken zakje

igelitová taška

water

voda

sap

džus

melk

mléko

cola

kola

wijn

víno

bier

pivo

alcohol

alkohol

cacao

kakao

thee

čaj

koffie

káva

espresso

espresso

cappuccino

kapučíno

banaan

banán

appel

jablko

sinaasappel

pomeranč

meloen

meloun

citroen

citrón

wortel

mrkev

knoflook

česnek

bamboe

bambus

ajuin

cibule

champignon

houba

noten

ořechy

noodles

těstoviny

spaghetti	rijst	salade
špageti	rýže	salát

frieten	gebakken aardappelen	pizza
hranolky	americké brambory	pizza

hamburger	sandwich	kalfslapje
hamburger	sendvič	řízek

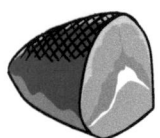

ham	salami	worst
šunka	salám	salám

kip	braden	vis
kuře	pečeně	ryby

havervlokken

ovesné vločky

muesli

müsli

cornflakes

vločky

bloem

mouka

croissant

croissant

pistolet

houska

brood

chléb

toast

toast

koekjes

sušenky

boter

máslo

kwark

tvaroh

taart

buchta

ei

vejce

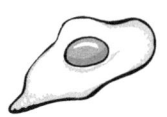

spiegelei

volské oko

kaas

sýr

eten - jídlo

ijs

zmrzlina

suiker

cukr

honing

med

confituur

marmeláda

choco

nugátový krém

curry

kari

boerderij
usedlost

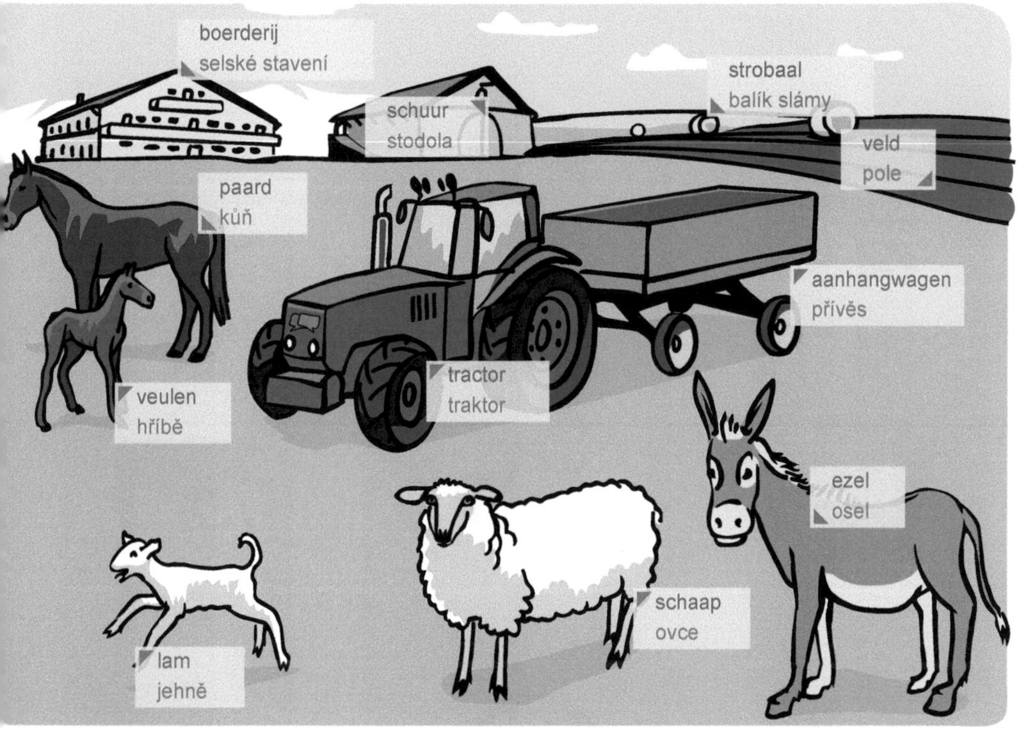

boerderij
selské stavení
schuur
stodola
strobaal
balík slámy
veld
pole
paard
kůň
aanhangwagen
přívěs
tractor
traktor
veulen
hříbě
ezel
osel
schaap
ovce
lam
jehně

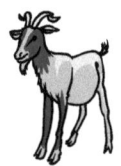

geit
koza

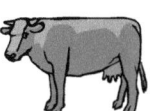

koe
kráva

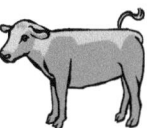

kalf
tele

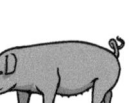

varken
prase

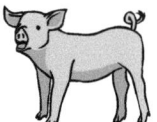

biggetje
sele

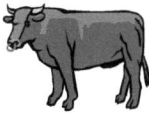

stier
býk

gans
husa

eend
kachna

kuiken
kuře

kip
slepice

haan
kohout

rat
krysa

kat
kočka

muis
myš

os
vůl

hond
pes

hondenhok
psí bouda

tuinslang
zahradní hadice

gieter
kropicí konev

zeis
kosa

ploeg
pluh

sikkel

srp

schoffel

motyka

hooivork

vidle

bijl

sekera

kruiwagen

kolecko

trog

koryto

melkkan

konev na mléko

zak

pytel

hek

plot

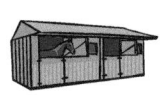

stal

stáj

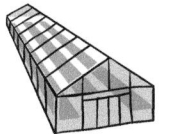

broeikas

skleník

bodem

půda

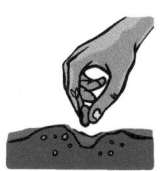

zaad

osivo

mest

hnojivo

maaidorser

kombajn

oogsten
sklidit

oogst
sklizeň

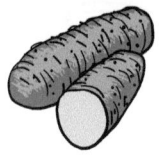

yam
smldinec

tarwe
pšenice

soja
sója

aardappel
brambora

maïs
kukuřice

koolzaad
řepka

fruitboom
ovocný strom

maniok
maniok

graan
obilí

huis
dům

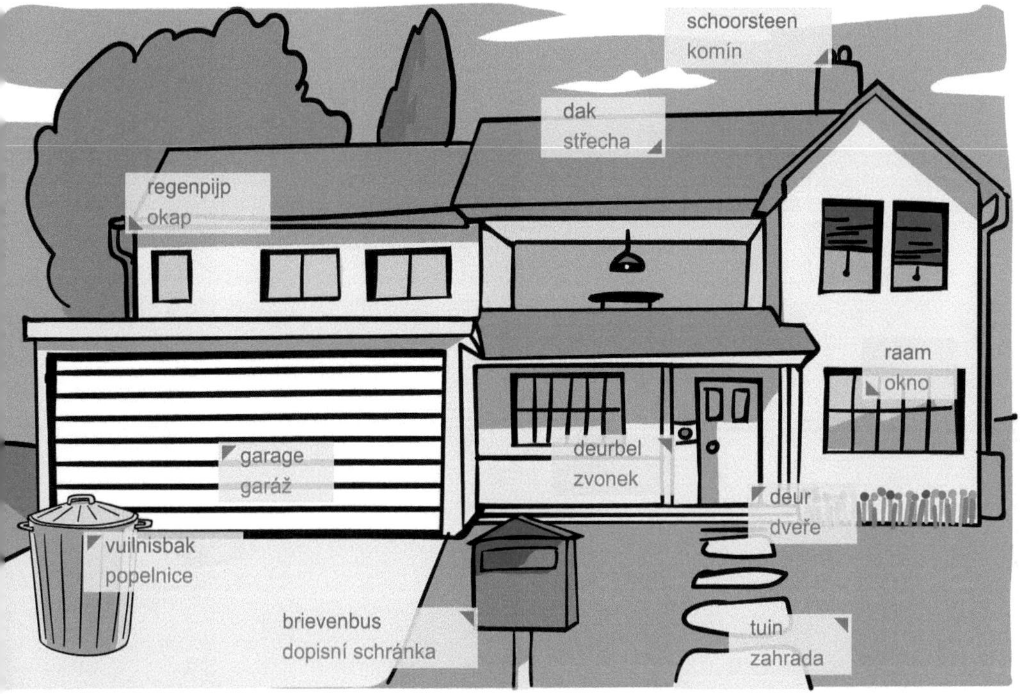

schoorsteen
komín
dak
střecha
regenpijp
okap
raam
okno
garage
garáž
deurbel
zvonek
deur
dveře
vuilnisbak
popelnice
brievenbus
dopisní schránka
tuin
zahrada

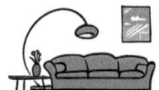

woonkamer

obývací pokoj

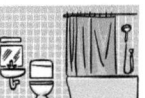

badkamer

koupelna

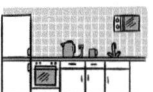

keuken

kuchyně

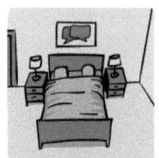

slaapkamer

ložnice

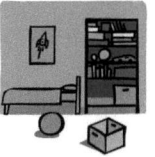

kinderkamer

dětský pokoj

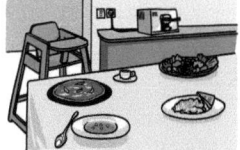

eetkamer

jídelna

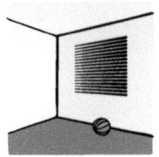

vloer

podlaha

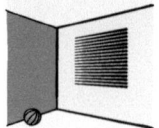

muur

zeď

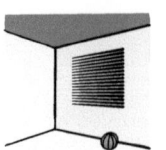

plafond

deka

kelder

sklep

sauna

sauna

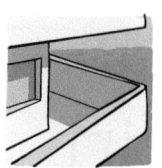

balkon

balkón

terras

terasa

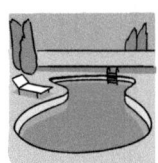

zwembad

bazén

grasmaaier

sekačka na trávu

dekbedovertrek

ložní prádlo

dekbed

lůžková přikrývka

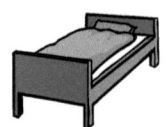

bed

postel

bezem

smeták

emmer

kýbl

schakelaar

vypínač

woonkamer
obývací pokoj

behangpapier
tapeta
foto
obrázek
lamp
žárovka
schap
police
kast
skříň
televisie
televizor
open haard
komín
bloem
květina
kussen
polštář
sofa
gauč
vaas
váza
afstandsbediening
dálkový ovladač

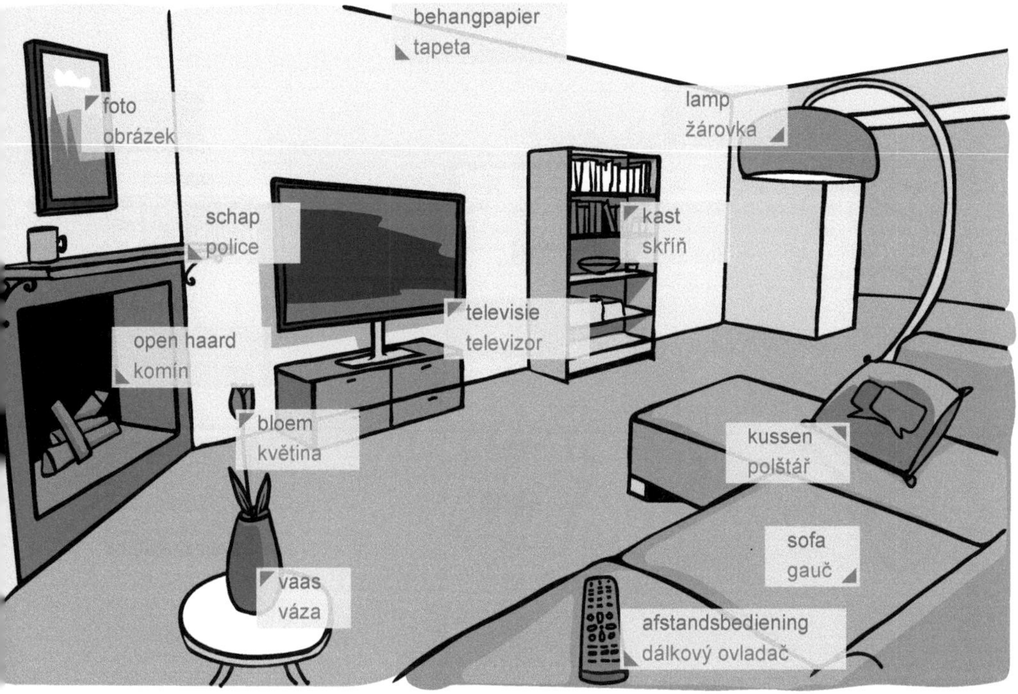

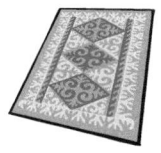

mat

koberec

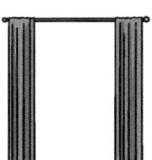

gordijn

závěs

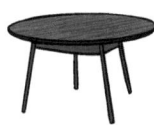

tafel

stůl

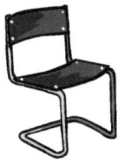

stoel

židle

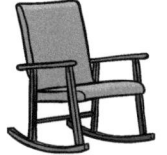

schommelstoel

houpací křeslo

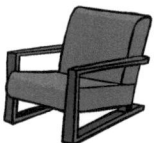

fauteuil

křeslo

boek
kniha

deken
strop

decoratie
ozdoba

brandhout
palivové dříví

film
film

stereo-installatie
stereo souprava

sleutel
klíč

krant
noviny

schilderij
malba

poster
plakát

radio
rádio

notitieboekje
poznámkový blok

stofzuiger
vysavač

cactus
kaktus

kaars
svíce

keuken
kuchyně

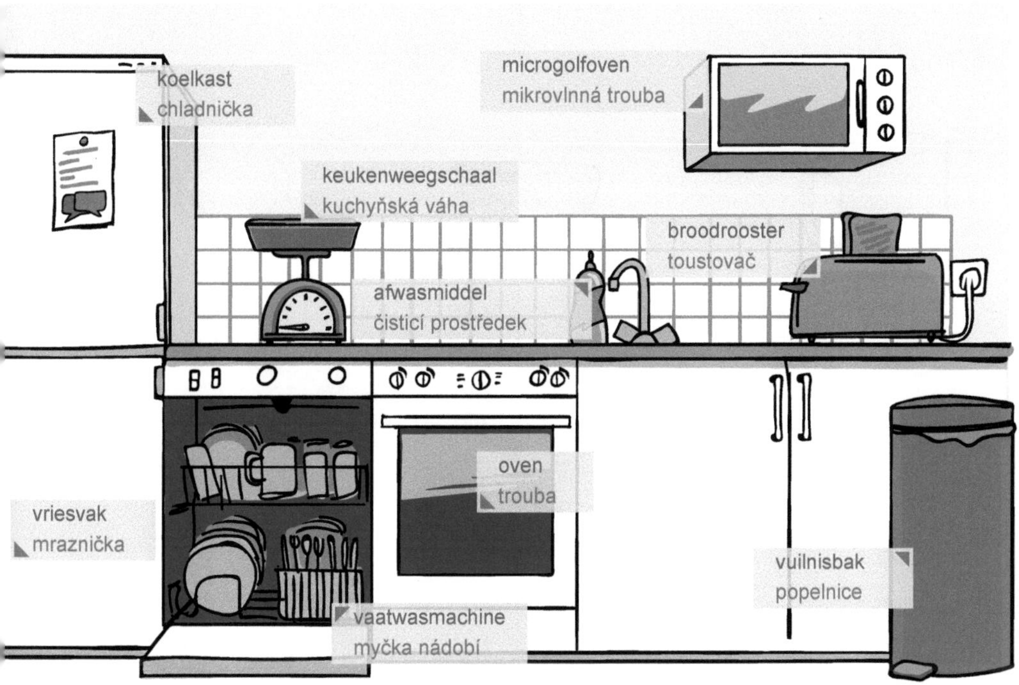

koelkast
chladnička
microgolfoven
mikrovlnná trouba
keukenweegschaal
kuchyňská váha
broodrooster
toustovač
afwasmiddel
čisticí prostředek
oven
trouba
vriesvak
mraznička
vuilnisbak
popelnice
vaatwasmachine
myčka nádobí

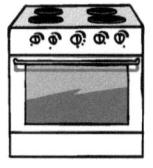

fornuis
sporák

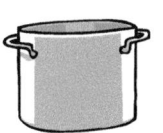

pot
hrnec

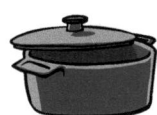

gietijzeren pot
litinový hrnec

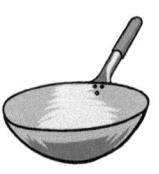

wok / kadai
wok / kadai

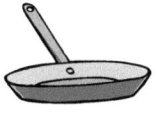

pan
pánev

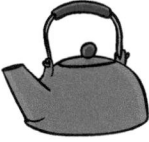

waterkoker
varná konvice

stoomkoker

parní hrnec

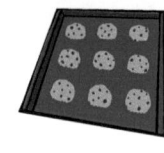

bakplaat

plech na pečení

servies

nádobí

mok

hrnek

kom

miska

eetstokjes

jídelní hůlky

pollepel

naběračka

spatel

obracečka

garde

metla

vergiet

síto

zeef

cedník

rasp

struhadlo

mortier

hmoždíř

barbecue

gril

haardvuur

ohniště

snijplank

prkénko na krájení

deegrol

váleček na těsto

kurkentrekker

vývrtka

blik

dóza

blikopener

otvírák na konzervy

pannenlap

chňapka

gootsteen

umyvadlo

borstel

kartáč na nádobí

spons

houba

blender

mixér

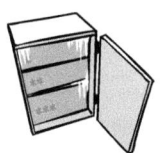

vriezer

mrazák

papfles

dětská lahev

kraan

kohoutek

keuken - kuchyně

badkamer

koupelna

verwarming
topení
douche
sprcha
handdoek
ručník
douchegordijn
sprchový závěs
bubbelbad
pěnová koupel
badkuip
vana
glas
sklenička
wasmachine
pračka
kraan
kohoutek
tegels
obkladačky
kinderpo
nočník
gootsteen
umyvadlo

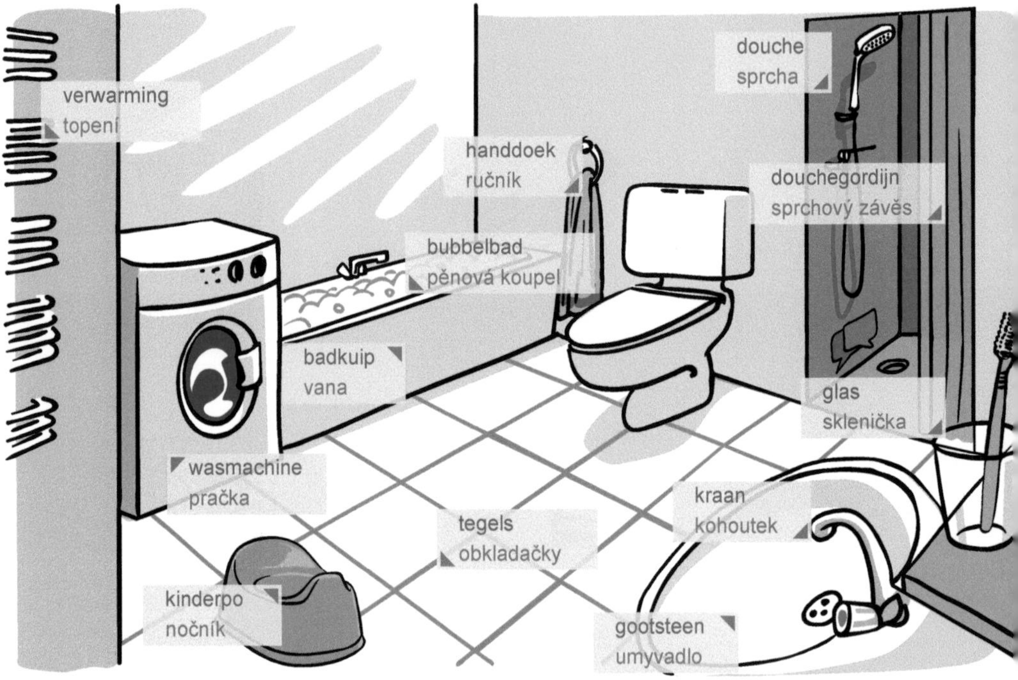

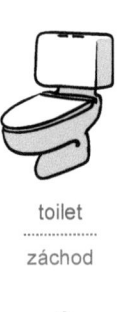

toilet

záchod

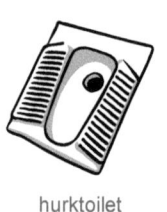

hurktoilet

turecký záchod

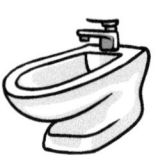

bidet

bidet

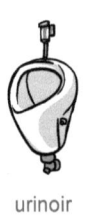

urinoir

pisoár

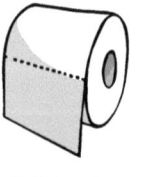

toiletpapier

toaletní papír

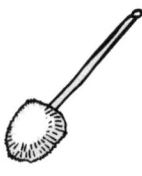

toiletborstel

záchodová štětka

tandenborstel

zubní kartáček

tandpasta

zubní pasta

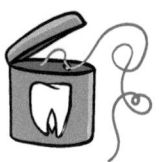

flosdraad

zubní niť

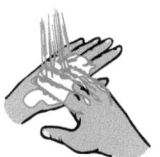

wassen

mýt

handdouche

ruční sprcha

bidethanddouche

intimní sprcha

waskom

umyvadlo

rugborstel

kartáč na záda

zeep

mýdlo

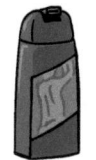

douchegel

sprchový gel

shampoo

šampón

washandje

žínka

afvoer

odpad

crème

krém

deodorant

deodorant

spiegel

zrcadlo

handspiegel

kosmetické zrcátko

scheermes

holicí strojek

scheerschuim

pěna na holení

aftershave

voda po holení

kam

hřeben

borstel

kartáč

haardroger

fén

haarlak

lak na vlasy

make-up

makeup

lippenstift

rtěnka

nagellak

lak na nehty

watten

vata

nagelknipper

nůžky na nehty

parfum

parfém

toilettas
aška s toaletními potřebami

kruk
stolička

weegschaal
váha

badjas
župan

latex handschoenen
gumové rukavice

tampon
tampón

maandverband
dámská vložka

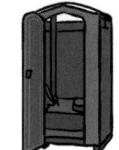

chemisch toilet
chemická toaleta

kinderkamer
dětský pokoj

wekker
budík
knuffel
plyšová hračka
speelgoedauto
autíčko
rammelaar
chrastítko
poppenhuis
domeček pro panenky
geschenk
dárek

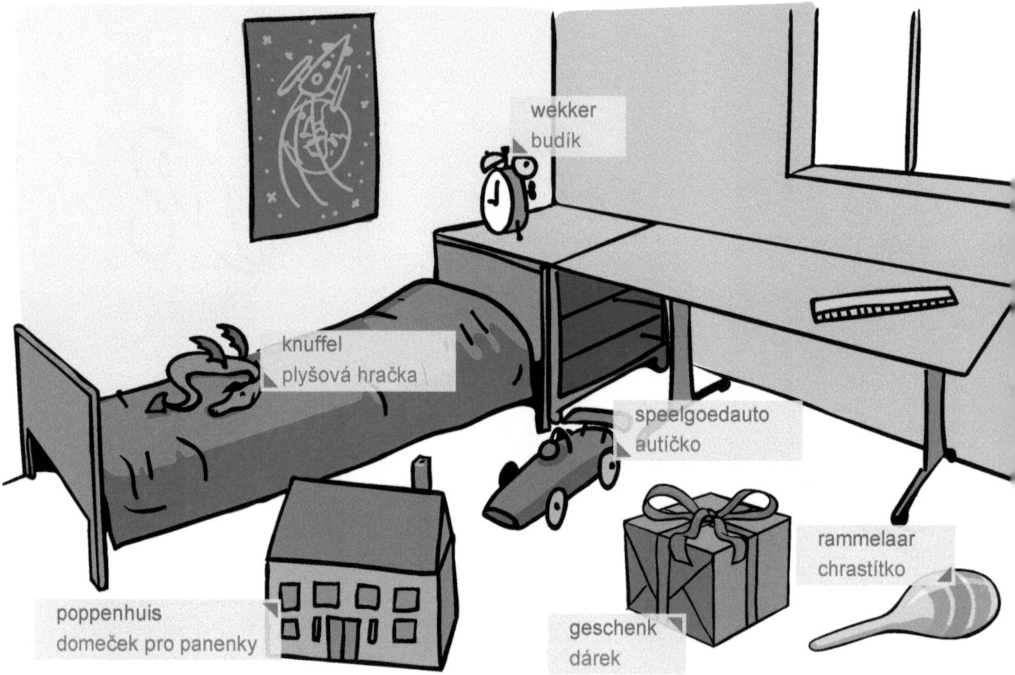

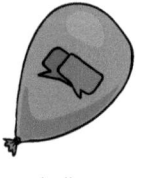

ballon

balón

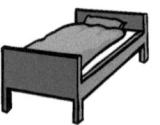

bed

postel

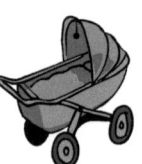

kinderwagen

kočárek

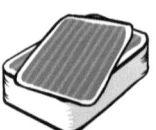

spel kaarten

balíček karet

puzzel

puzzle

SUPER MEGA

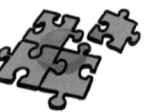

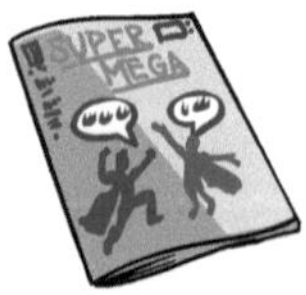

stripboek

komiks

legoblokjes

lego kostky

blokken

stavebnice

actiefiguur

akční figurka

kruippakje

dupačky

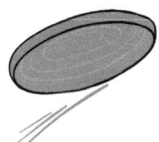

frisbee

frisbee

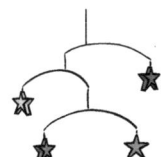

mobiel

závěsné hračky nad postýlku

bordspel

desková hra

dobbelsteen

kostky

modelspoorweg

modelová železnice

fopspeen

dudlík

feest

oslava

prentenboek

obrázková kniha

bal

míč

pop

panenka

spelen

hrát si

zandbak

pískoviště

schommel

houpačka

speelgoed

hračky

spelconsole

hrací konzole

driewieler

tříkolka

knuffelbeer

medvídek

kleerkast

šatník

kleding
oblečení

sokken

ponožky

kousen

punčochy

maillot

punčochové kalhoty

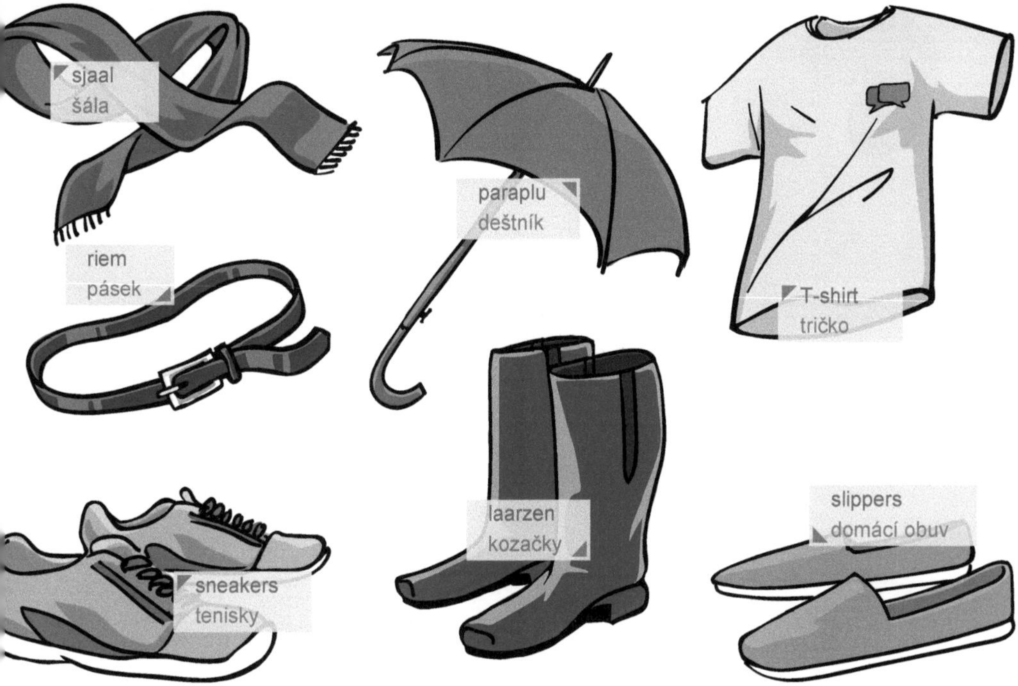

sjaal
šála

riem
pásek

paraplu
deštník

T-shirt
tričko

sneakers
tenisky

laarzen
kozačky

slippers
domácí obuv

sandalen
....
sandály

schoenen
....
obuv

rubberlaarzen
....
holínky

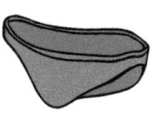

onderbroek
....
spodní prádlo

beha
....
podprsenka

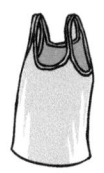

onderhemd
....
nátělník

lichaam

body

broek

kalhoty

jeans

džíny

rok

sukně

blouse

blůza

hemd

košile

trui

svetr

capuchontrui

mikina

blazer

blejzr

jas

bunda

jas

kabát

regenjas

pláštěnka

kostuum

kostým

jurk

šaty

trouwjurk

svatební šaty

pak

oblek

nachthemd

noční košile

pyjama

pyžamo

sari

sárí

hoofddoek

šátek na hlavu

tulband

turban

boerka

burka

kaftan

kaftan

abaya

abája

badpak

plavky

zwembroek

pánské plavky

short

kraťasy

trainingspak

tepláková souprava

schort

zástěra

handschoenen

rukavice

knoop

knoflík

bril

brýle

armband

náramek

ketting

náhrdelník

ring

prsten

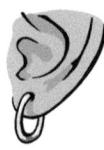

oorbel

náušnice

pet

čepice

kapstok

ramínko

hoed

klobouk

das

kravata

rits

zip

helm

helma

bretellen

kšandy

schooluniform

školní uniforma

uniform

uniforma

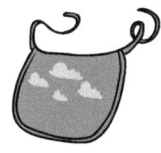

slabbetje

bryndák

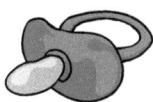

fopspeen

dudlík

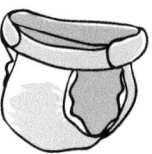

luier

plena

kantoor

kancelář

server
server
dossierkast
kartotéka
printer
tiskárna
papier
papír
monitor
monitor
muis
myš
bureau
psací stůl
map
šanon
toestenbord
klávesnice
papiermand
odpadkový koš na papír
computer
počítač
stoel
židle

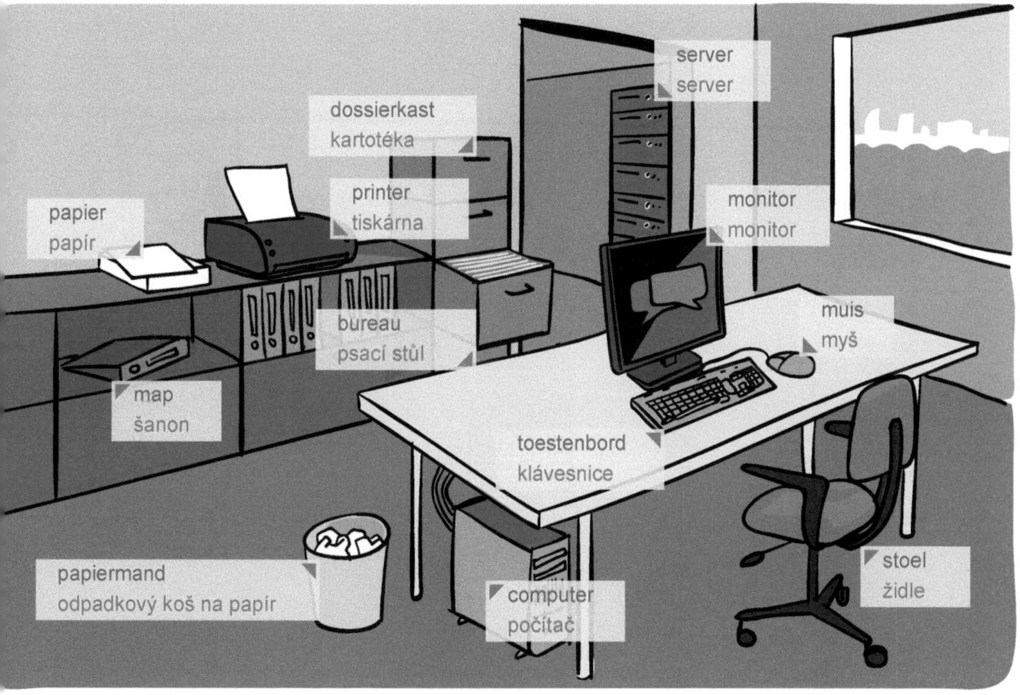

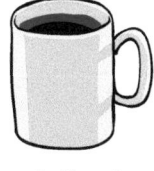

koffiemok

hrnek na kávu

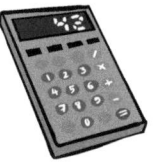

rekenmachine

kalkulačka

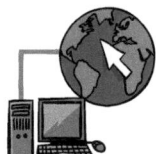

internet

internet

laptop

notebook

brief

dopis

bericht

zpráva

gsm

mobil

netwerk

síť

kopieerapparaat

kopírka

software

software

telefoon

telefon

stopcontact

zásuvka

fax

fax

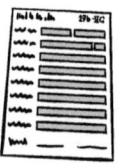

formulier

formulář

document

dokument

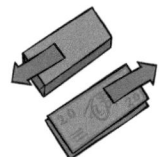

kopen

nakupovat

betalen

zaplatit

handelen

jednat

geld

peníze

 **USD**

dollar

dolar

 **EUR**

euro

euro

 **JPY**

yen

jen

 **RUB**

roebel

rubl

 **CHF**

Zwitserse frank

frank

 **CNY**

Chinese renminbi

juan

 **INR**

roepie

rupie

geldautomaat

bankomat

wisselkantoor

směnárna

goud

zlato

zilver

stříbro

olie

olej

energie

energie

prijs

cena

contract

smlouva

belasting

daň

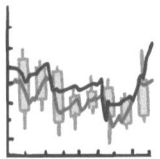

aandeel

akcie

werken

pracovat

werknemer

zaměstnanec

werkgever

zaměstnavatel

fabriek

továrna

winkel

obchod

politieagent
policista

brandweerman
hasič

kok
kuchař

dokter
lékař

piloot
pilot

tuinman

zahradník

timmerman

truhlář

naaister

švadlena

rechter

soudce

chemicus

chemik

acteur

herec

buschauffeur

řidič autobusu

taxichauffeur

řidič taxi

visser

rybář

schoonmaakster

uklízečka

dakdekker

pokrývač

ober

číšník

jager

myslivec

schilder

malíř

bakker

pekař

elektricien

elektrikář

bouwvakker

stavební dělník

ingenieur

inženýr

slager

řezník

loodgieter

klempíř

postbode

listonoš

soldaat

voják

architect

architekt

kassier

pokladní

bloemist

florista

kapper

kadeřník

conducteur

průvodčí

mecanicien

mechanik

kapitein

kapitán

tandarts

zubař

wetenschapper

vědec

rabbijn

rabín

imam

imám

monnik

mnich

geestelijke

duchovní

werktuigen
nářadí

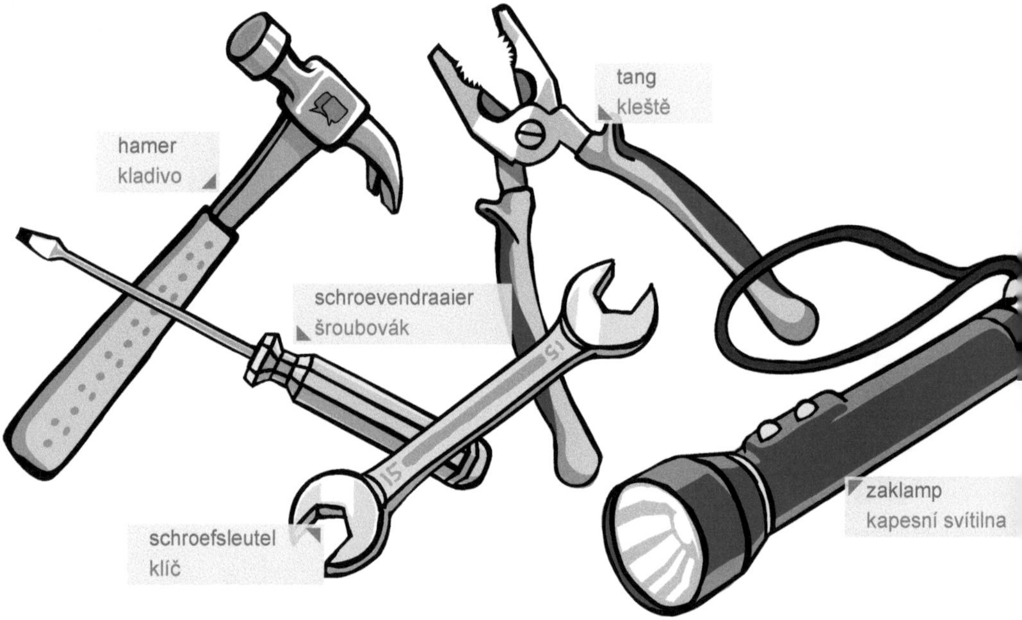

hamer
kladivo
tang
kleště
schroevendraaier
šroubovák
schroefsleutel
klíč
zaklamp
kapesní svítilna

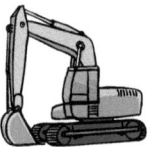

graafmachine
bagr

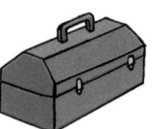

gereedschapskoffer
skříň na nářadí

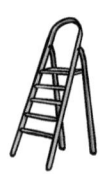

ladder
žebřík

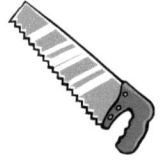

zaag
pila

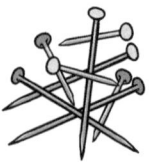

spijkers
hřebíky

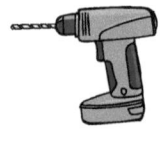

boormachine
vrtačka

repareren

opravit

schop

lopata

Verdomme!

Kurva!

blik

lopatka

verfpot

vědroé na barvu

schroeven

šrouby

muziekinstrumenten
hudební nástroje

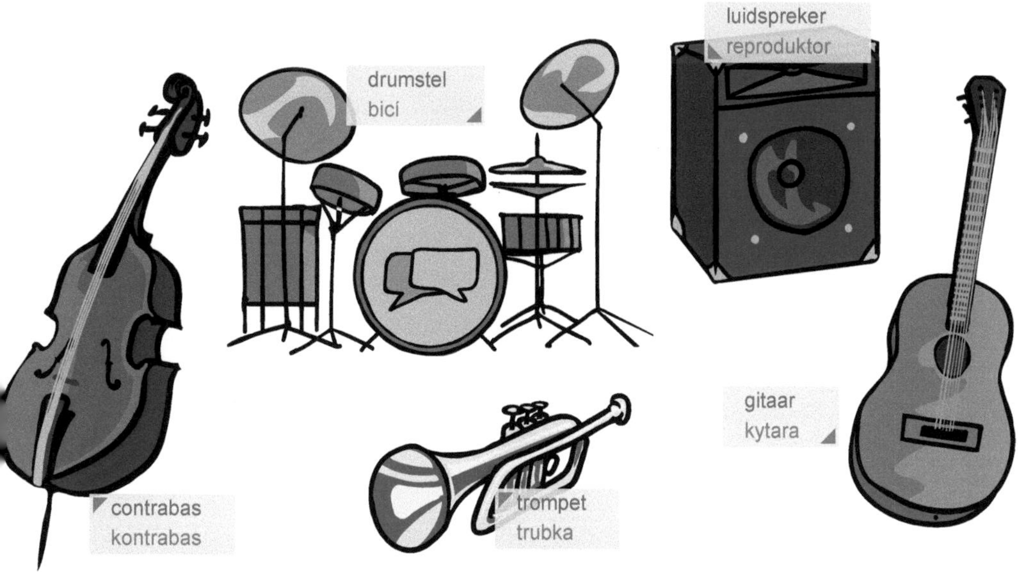

luidspreker
reproduktor

drumstel
bicí

gitaar
kytara

contrabas
kontrabas

trompet
trubka

piano

klavír

viool

housle

basgitaar

basa

pauk

tympán

trommels

bubny

keyboard

keyboard

saxofoon

saxofon

fluit

flétna

microfoon

mikrofon

ZOO

ZOO

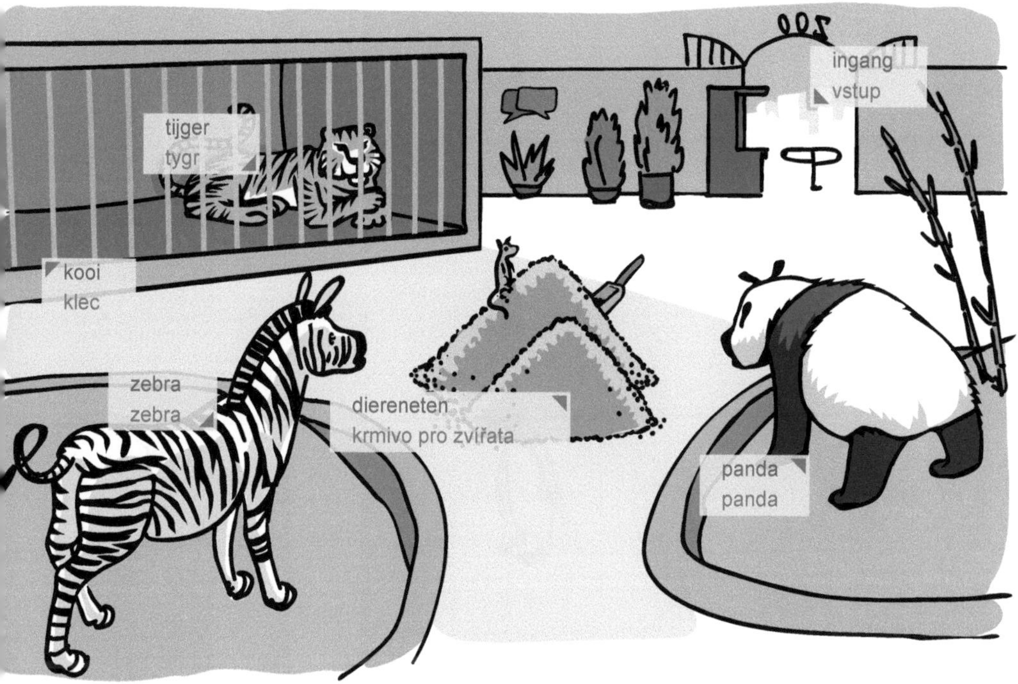

tijger
tygr
ingang
vstup
kooi
klec
zebra
zebra
diereneten
krmivo pro zvířata
panda
panda

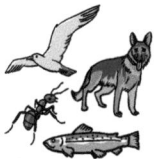

dieren

zvířata

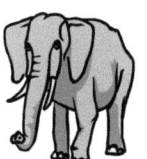

olifant

slon

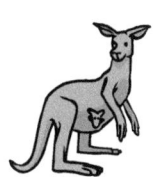

kangoeroe

klokan

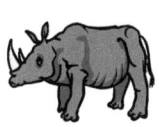

neushoorn

nosorožec

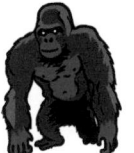

gorilla

gorila

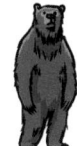

beer

medvěd

kameel

velbloud

struisvogel

pštros

leeuw

lev

aap

opice

flamingo

plameňák

papegaai

papoušek

ijsbeer

lední medvěd

pinguïn

tučňák

haai

žralok

pauw

páv

slang

had

krokodil

krokodýl

dierenverzorger

ošetřovatel zvířat

zeehond

tuleň

jaguar

jaguár

pony

poník

luipaard

leopard

nijlpaard

hroch

giraffe

žirafa

adelaar

orel

wild zwijn

divoké prase

vis

ryby

zeeschildpad

želva

walrus

mrož

vos

liška

gazelle

gazela

rugby
americký fotbal

wielrennen
cyklistika

tennis
tenis

basketbal
košíková

zwemmen
plavání

boksen
box

ijshockey
lední hokej

voetbal	badminton	atletiek
kopaná	badminton	lehká atletika
handbal	skiën	polo
házená	běh na lyžích	vodní pólo

lachen
smát se

springen
skočit

knuffelen
objímat

wandelen
jít

zingen
zpívat

dromen
snít

bidden
modlit se

kussen
políbit

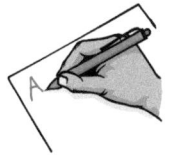

schrijven

psát

tekenen

kreslit

tonen

ukazovat

duwen

tlačit

geven

dát

nemen

vzít si

hebben
mít

doen
dělat

zijn
být

staan
stát

lopen
běhat

trekken
táhnout

gooien
hodit

vallen
padat

liggen
ležet

wachten
čekat

dragen
nosit

zitten
sedět

aankleden
oblékat

slapen
spát

ontwaken
vzbudit se

kijken naar

prohlédnout si

wenen

plakat

aaien

pohladit

kammen

česat

praten

hovořit

begrijpen

rozumět

vragen

ptát se

luisteren

slyšet

drinken

pít

eten

jíst

opruimen

uklidit

houden van

milovat

koken

vařit

rijden

jet

vliegen

letět

activiteiten - aktivity

zeilen

plachtit

rekenen

počítat

Lezen

číst

leren

učit se

werken

pracovat

trouwen

vzít si

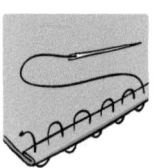

naaien

šít

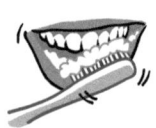

tandenpoetsen

čistit si zuby

doden

zabít

roken

kouřit

sturen

poslat

grootmoeder
babička

grootvader
dědeček

vader
otec

moeder
matka

baby
dítě

dochter
dcera

zoon
syn

gast

host

tante

teta

oom

strýc

broer

bratr

zus

sestra

lichaam
tělo

voorhoofd
čelo
oog
oko
schouder
rameno
vinger
prst
gezicht
obličej
kin
brada
hand
ruka
been
dolní končetina
borst
hruď
arm
paže

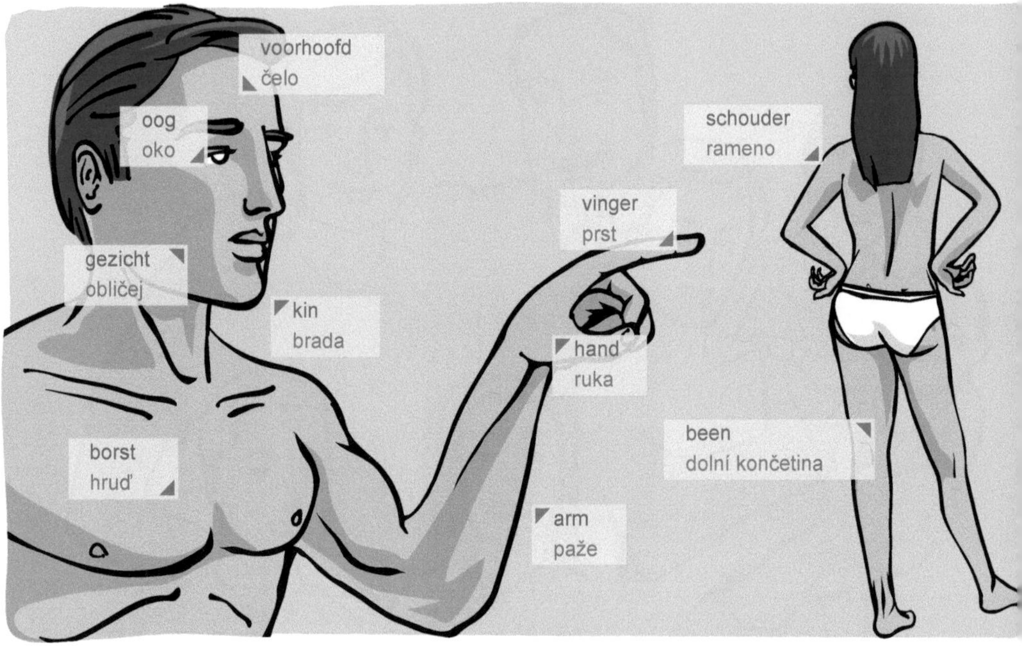

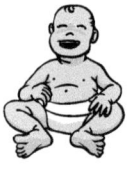

baby

dítě

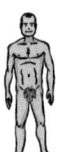

man

muž

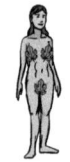

vrouw

žena

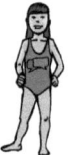

meisje

dívka

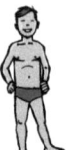

jongen

chlapec

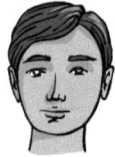

hoofd

hlava

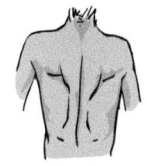	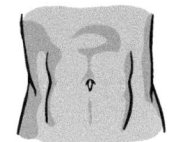	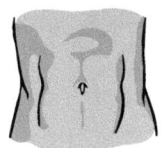
rug	buik	navel
záda	břicho	pupík
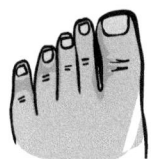	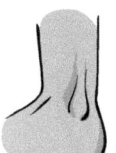	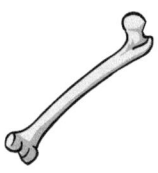
teen	hiel	bot
prst na noze	pata	kost
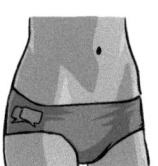	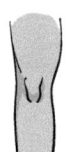	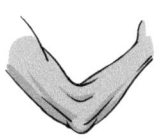
heup	knie	elleboog
bok	koleno	loket
	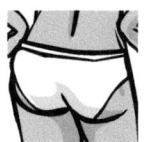	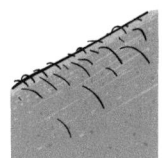
neus	zitvlak	huid
nos	zadek	kůže
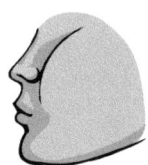	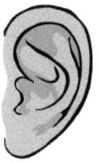	
wang	oor	lip
tvář	ucho	ret

mond

ústa

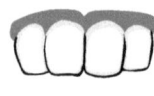

tand
-----
zub

tong
-----
jazyk

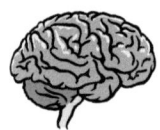

hersenen
-----
mozek

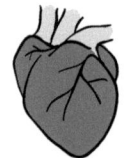

hart
-----
srdce

spier
-----
sval

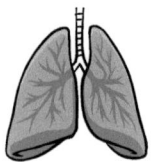

long
-----
plíce

lever
-----
játra

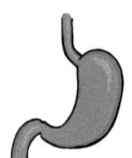

maag

žaludek

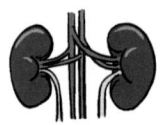

nieren
-----
ledviny

seks
-----
pohlavní styk

condoom
-----
kondom

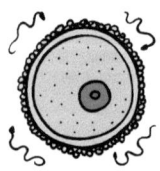

eicel
-----
vajíčko

sperma
-----
sperma

zwangerschap
-----
těhotenství

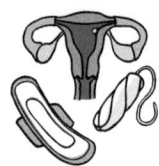

menstruatie

menstruace

vagina

vagina

penis

penis

wenkbrauw

obočí

haar

vlasy

nek

krk

ziekenhuis
nemocnice

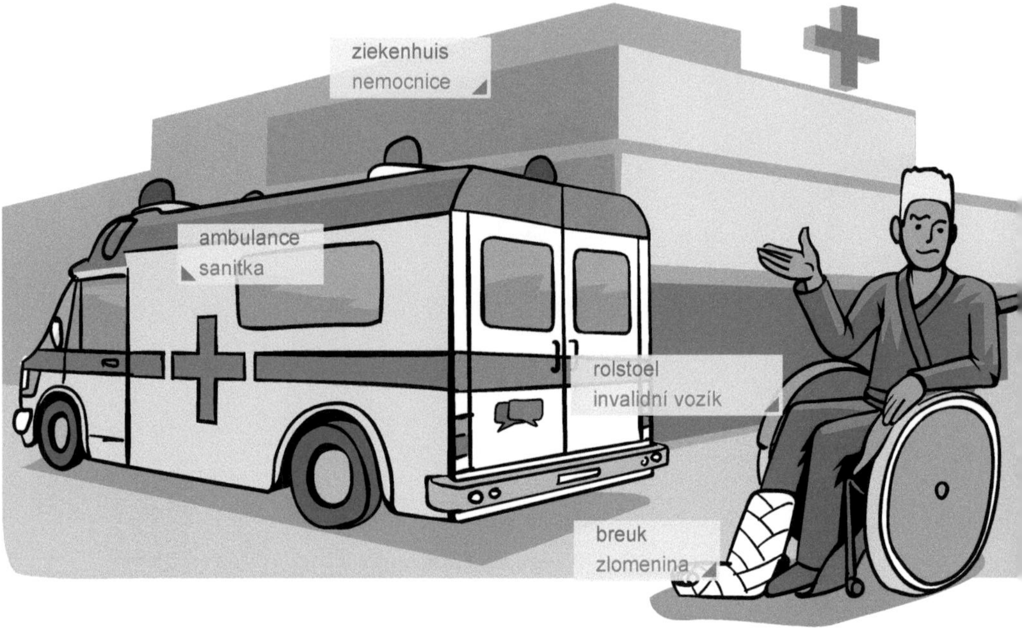

ziekenhuis
nemocnice
ambulance
sanitka
rolstoel
invalidní vozík
breuk
zlomenina

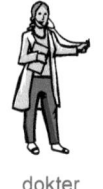

dokter
lékař

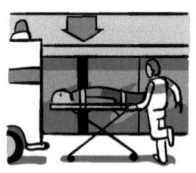

spoed
pohotovost

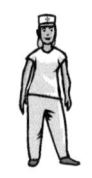

verpleegkundige
zdravotní sestra

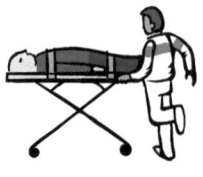

noodgeval
urgentní případ

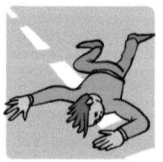

bewusteloos
v bezvědomí

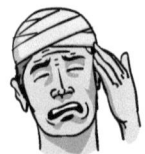

pijn
bolest

verwonding

úraz

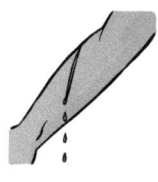

bloeding

krvácení

hartaanval

infarkt myokardu

beroerte

cévní mozková příhoda

allergie

alergie

hoest

kašel

koorts

horečka

griep

chřipka

diarree

průjem

hoofdpijn

bolest hlavy

kanker

rakovina

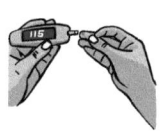

diabetes

cukrovka

chirurg

chirurg

scalpel

skalpel

operatie

operace

CT
CT

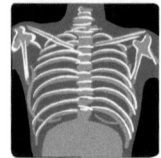

röntgenstraal
rentgen

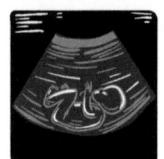

ultrageluid
ultrazvuk

gezichtsmasker
maska

ziekte
nemoc

wachtkamer
čekárna

kruk
berle

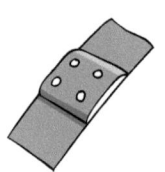

pleister
náplast

verband
obvaz

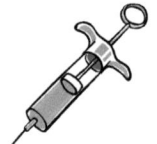

injectie
injekce

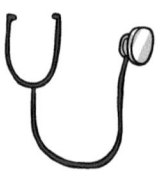

stethoscoop
stetoskop

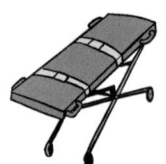

brancard
nosítka

thermometer
teploměr

geboorte
porod

overgewicht
nadváha

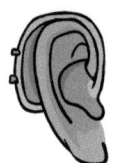

hoorapparaat

naslouchátko

ontsmettingsmiddel

dezinfekční prostředek

infectie

infekce

virus

virus

HIV / AIDS

HIV / AIDS

medicijn

lékařství

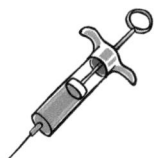

vaccinatie

očkování

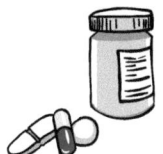

tabletten

tablety

pil

pilulka

noodoproep

tísňové volání

bloeddrukmeter

tonometr

ziek / gezond

nemocný / zdravý

Help!   alarm   overval

Pomoc!   poplach   přepadení

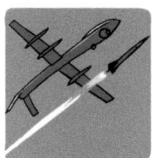

aanval   gevaar   nooduitgang

napadení   nebezpečí   nouzový východ

Brand!   brandblusser   ongeval

Hoří!   hasicí přístroj   nehoda

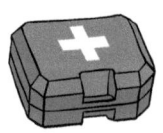

EHBO-kit   SOS   politie

zdravotnická brašna   SOS   policie

Europa

Evropa

Noord-Amerika

Severní Amerika

Zuid-Amerika

Jižní Amerika

Afrika

Afrika

Azië

Asie

Australië

Austrálie

Atlantische Oceaan

Atlantik

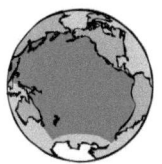

Stille Oceaan

Pacifik

Indische Oceaan

Indický oceán

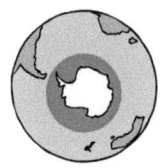

Antarctische Oceaan

Jižní ledový oceán

Arctische Oceaan

Severní ledový oceán

Noordpool

severní pól

Zuidpool

jižní pól

Antarctica

Antarktida

aarde

země

land

pevnina

zee

moře

eiland

ostrov

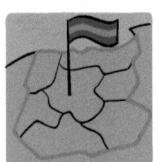

natie

národ

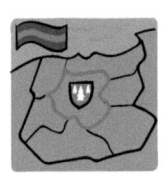

staat

stát

wijzerplaat

ciferník

uurwijzer

hodinová ručička

minuutwijzer

minutová ručička

secondewijzer

vteřinová ručička

Hoe laat is het?

Kolik je hodin?

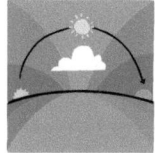

dag

den

tijd

čas

nu

teď

digitale horloge

digitální hodinky

minuut

minuta

uur

hodina

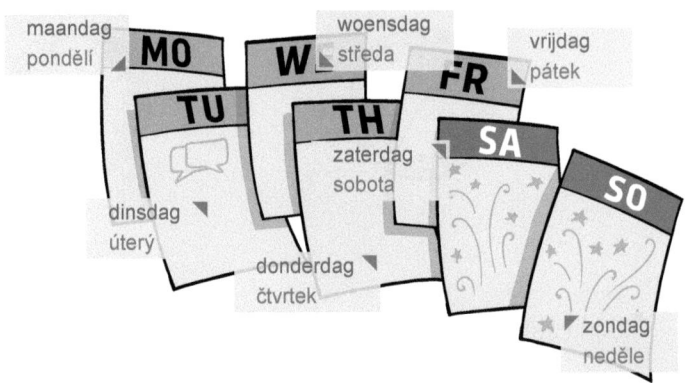

maandag
pondělí **MO**

W woensdag
středa

vrijdag
pátek

TU

TH

FR

zaterdag
sobota

SA

dinsdag
úterý

SO

donderdag
čtvrtek

zondag
neděle

gisteren

včera

vandaag

dnes

morgen

zítra

ochtend

ráno

middag

poledne

avond

večer

MO	TU	WE	TH	FR	SA	SU
1	2	3	4	5	6	7
8	9	10	11	12	13	14
15	16	17	18	19	20	21
22	23	24	25	26	27	28
29	30	31	1	2	3	4

werkdagen

pracovní dny

MO	TU	WE	TH	FR	SA	SU
1	2	3	4	5	6	7
8	9	10	11	12	13	14
15	16	17	18	19	20	21
22	23	24	25	26	27	28
29	30	31	1	2	3	4

weekend

víkend

jaar
rok

regen
déšť
regenboog
duha
wind
vítr
sneeuw
sníh
lente
jaro
herfst
podzim
zomer
léto
winter
zima

4.APRIL 11°
5.APRIL 4°
6.APRIL 13°
7.APRIL 8°
8.APRIL 10°

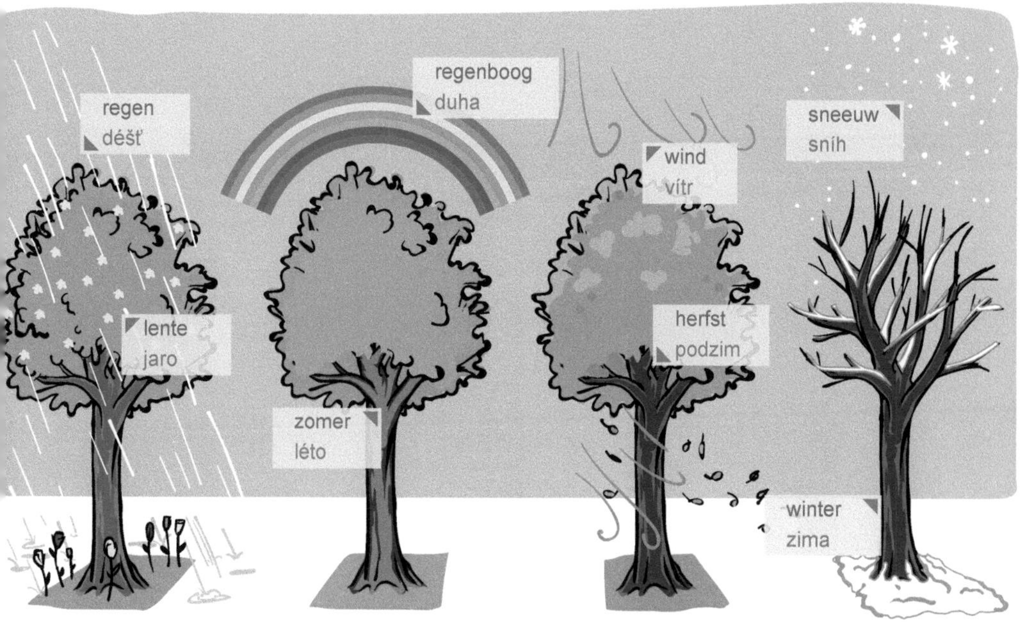

weervoorspelling

předpověď počasí

F C
120 40
90 30
60 20
30 10
0 0
-30 -10
-20

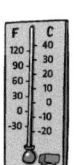

thermometer

teploměr

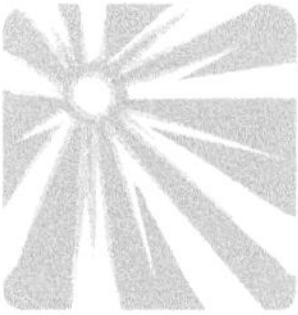

zonneschijn

sluneční svit

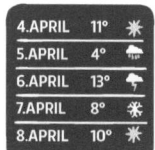

wolk

mrak

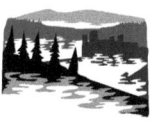

mist

mlha

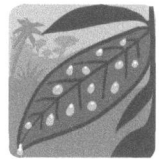

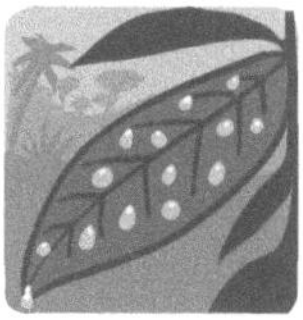

vochtigheid

vlhkost

bliksem

blesk

donder

hrom

storm

bouřka

hagel

kroupy

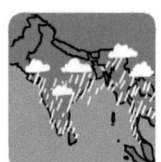

moesson

monzun

overstroming

povodeň

ijs

led

januari

leden

februari

únor

maart

březen

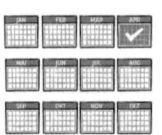

april

duben

mei

květen

juni

červen

juli

červenec

augustus

srpen

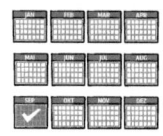

september
....
září

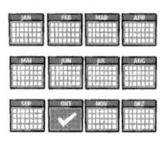

oktober
....
říjen

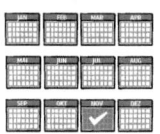

november
....
listopad

december
....
prosinec

vormen
tvary

cirkel
....
kruh

kwadraat
....
čtverec

rechthoek
....
obdélník

driehoek
....
trojúhelník

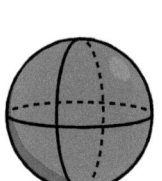

bol
....
koule

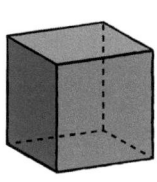

kubus
....
krychle

kleuren
barvy

wit
....
bílá

geel
....
žlutá

oranje
....
oranžová

roze
....
růžová

rood
....
červená

paars
....
fialová

blauw
....
modrá

groen
....
zelená

bruin
....
hnědá

grijs
....
šedá

zwart
....
černá

veel / weinig
hodně / málo

boos / kalm
rozzuřený / mírumilovný

mooi / lelijk
krásný / ošklivý

begin / einde
začátek / konec

groot / klein
velký / malý

licht / donker
světlý / tmavý

broer / zus
bratr / sestra

proper / vuil
čistý / špinavý

volledig / onvolledig
úplný / neúplný

dag / nacht
den / noc

dood / levend
mrtvý / živý

breed / smal
široký / úzký

eetbaar / oneetbaar

jedlý / nejedlý

kwaadaardig / vriendelijk

zlý / hodný

opgewonden / verveeld

vzrušený / znuděný

dik / dun

tlustý / hubený

eerst / laatst

nejdříve / naposledy

vriend / vijand

přítel / nepřítel

vol / leeg

plný / prázdný

hard / zacht

tvrdý / měkký

zwaar / licht

těžký / lehký

honger / dorst

hlad / žízeň

ziek / gezond

nemocný / zdravý

illegaal / legaal

ilegální / legální

intelligent / dom

inteligentní / hloupý

links / rechts

vlevo / vpravo

dichtbij / veraf

blízko / daleko

nieuw / gebruikt

nový / použitý

niets / iets

nic / něco

oud / jong

starý / mladý

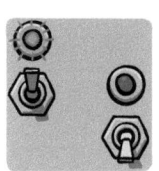

aan / uit

zapnutý / vypnutý

open / dicht

otevřeno / zavřeno

stil / luid

tichý / hlasitý

rijk / arm

bohatý / chudý

juist / fout

správný / špatný

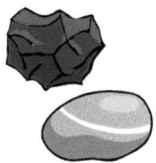

ruw / glad

drsný / hladký

droevig / blij

smutný / šťastný

kort / lang

krátký / dlouhý

traag / snel

pomalý / rychlý

nat / droog

vlhký / suchý

warm / koud

teplý / chladný

oorlog / vrede

válka / mír

0	**1**	**2**
nul	één	twee
nula	jedna	dva

3	**4**	**5**
drie	vier	vijf
tři	čtyři	pět

6	**7**	**8**
zes	zeven	acht
šest	sedm	osm

9	**10**	**11**
negen	tien	elf
devět	deset	jedenáct

12

twaalf
dvanáct

13

dertien
třináct

14

veertien
čtrnáct

15

vijftien
patnáct

16

zestien
šestnáct

17

zeventien
sedmnáct

18

achtien
osmnáct

19

negentien
devatenáct

20

twintig
dvacet

100

honderd
sto

1.000

duizend
tisíc

1.000.000

miljoen
milion

Talen
jazyky

Engels

angličtina

Amerikaans Engels

americká angličtina

Chinees (Mandarijn)

standardní čínština

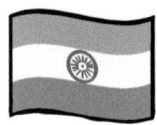

Hindi

hindština

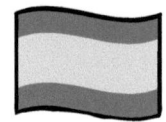

Spaans

španělština

Frans

francouzština

Arabisch

arabština

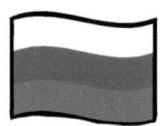

Russisch

ruština

Portugees

portugalština

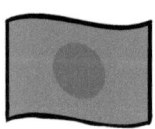

Bengali

bengálština

Duits

němčina

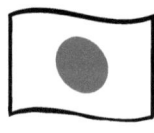

Japans

japonština

ik

já

u

ty

hij / zij / het

on / ona / ono

wij

my

u

vy

ze

oni

wie?

Kdo?

wat?

Co?

hoe?

Jak?

waar?

Kde?

wanneer?

Kdy?

naam

jméno

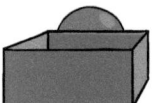

achter

za

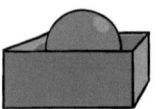

in

do

voor

z

boven

nad

op

na

onder

mezi

naast

vedle

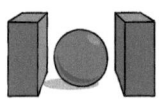

tussen

mezi

plaats

místo